अनुरोध
KAVITA SANGRAH

रिना अनिलकुमार वर्मा (शर्मा)

Copyright © Rina Anilkumar Verma (sharma)
All Rights Reserved.

This book has been published with all efforts taken to make the material error-free after the consent of the author. However, the author and the publisher do not assume and hereby disclaim any liability to any party for any loss, damage, or disruption caused by errors or omissions, whether such errors or omissions result from negligence, accident, or any other cause.

While every effort has been made to avoid any mistake or omission, this publication is being sold on the condition and understanding that neither the author nor the publishers or printers would be liable in any manner to any person by reason of any mistake or omission in this publication or for any action taken or omitted to be taken or advice rendered or accepted on the basis of this work. For any defect in printing or binding the publishers will be liable only to replace the defective copy by another copy of this work then available.

तूफ़ानों से उफनते समंदर को भी पार कर सकते है गर पतवार सही हाथों में हो। बिल्कुल इसी तरह मेरी पहली किताब "अनुरोध " का इतना सुंदर प्रारूप बनना संभव ना होता अगर मेरे टेक्निकल सहयोगी शुभम संजय वर्मा ने मेरा हर मोड पर साथ ना दिया होता।

मैं हमेशा हकदार रहूंगी अपने पति अनिलकुमार वर्मा के परामर्श, सहायता की जो मेरे हमसफर , हमराज़, हमसाया है।

ऋणी रहूंगी मेरे चारो माता पिता की, मेरे जन्मदाता, जिन्होने जिन्दगी की हर लडाई लडने के काबिल बनाया और मेरे सास ससूर जो हमेशा मेरे हर संघर्ष में मेरी ताकत बन के मेरे साथ रहे।

अंत में वह दो नाम जिनके बीना तो मेरी ज़िन्दगी ही अधूरी है मेरी खूशी का खजाना मेरे दोनो बच्चे आदित्य और मितांश।

क्रम-सूची

भूमिका vii

१ एक छोटी सी चाहत

२ मै एक रचनाकार

३ नारिशक्ती

४ वह जो मेरे अपने है

५ आदमी

६ फरियाद

७ आओ खुद से मिले

८ ना जाने वह क्यो खफा हो गए

९ मां

१० हौसला

धन्यवाद 21

• v •

भूमिका

रिना वर्मा (शर्मा) एक साधारण परिवार की सीधी- साधी महिला जीसने अपने जीवन में हर उस चीज को महत्व दिया जीस से आमतौर पर सभी किताबी बातें बोलकर अपना पल्लू छाड लेते है। मै भाग्यशाली हूं के वह मेरी छोटी , दुलारी बहन है जैसे मैने गोद में खिलाया है। मुझे याद है बचपन से ही हर चीज को देखने का उसका अपना एक अलग ही नज़रिया हमेशा से रहा है।

मै बहुत खुश हू और गौरवांवित महसूस कर रहा हू के उनकी पहली किताब 'अनुरोध ' के लिए परिचय लिखने का सौभाग्य मुझे मिला। 'रिना , तुम्हारी इस उपलब्धी के लिए हम सभी की और से बहुत- बहुत
शुभकामनाए '
रामकुमार शर्मा
प्राचार्य M.A.BED. (Hindi)

१ एक छोटी सी चाहत

एक छोटी सी चाहत

नेकबख्त थी वह गुलामी
जीस में तू और मै हम थे
अब तो बस !!
अफीम आझादी का
यूं चढा है सब पर के
मै काफिर और तू नेचरिया है
नस्ले ढूंढ रही है
जाली के टोपी पर बाप्पा
और रूद्राक्ष के हाथो में
ईदी को आज भी
ऐ दोस्त ,
देख हमें बना ने वाला भी
तूझ में तुलसीदास और
मुझ में ग़ालिब ढूंढ रहा है
आ अब बंद करे ये
मजहबी तकरीरें
कुछ ऐसा कर जाए
के "उस" से मिले कभी तो
शर्मिंदगी ना रहे
कैसा रहेगा गर
मै कुछ आयतें सुनादू
और तू कुछ श्लोक पढले

२ मै एक रचनाकार

मै एक रचनाकार

वह कहते हैं प्यार लिखना हैं
तो आशिकी कर के देखो
सागर कितना गहरा है पता है,
आसमां की ऊँचाई कितनी है
यूंही शब्दों का छल कर बातें बनाते हो ।
वही एक रचनाकार बैठी
सब सुन रही थी,
आशिकी, गहराई, ऊँचाई
समझाने शब्दों का
तानाबाना बून रही थी
उसने कहा
आओ आशिकी क्या है
सिखाऊं तूम्हे,
गहराई, ऊँचाई नजरो से ही
कैसे नापे, बताऊं तूम्हे
क्या कभी किसी अंजान
सिपाही के शहादत पे
ऑखें नम,सिना चौड़ा हुआ है
तो समझलो तूमभी आशिक हो ,
इस वतन के पराई पीड जान लोगे तो,
आंसमा का छोर, सागर की गहराई जान जाओ गे।
प्रश्नचिन्ह अंकित होता देख

उस के चेहरे पर
मैंने अपना परिचय दिया,
अंतरिक्ष वीर नही फिरभी
रोज चांद पर जाती हूँ
गिनती जिन सितारों की
न संभव उन्हें,
शब्दों में पिरोकर लाती हूं
गहराई बिना जाने ही सागर की
किनारों से ही, मोती चून कर आती हूं
शब्द योगी, शब्द प्रयोगी, शब्दों की जादूगर हूँ
कई वाक् युद्ध अकेले लडलू
मैं ही संपूर्ण अक्षौहिणी हूँ
हे, युगनिर्मिती तुझ में मुझ में
भेद यही बस,
खुले विलोचन से जो तूम ना देखो
बंद नयन से मैं सब भांप लू
तूम भी बताओ,
क्यों कविताए पढते सुनते हो
इन्हे समझने,
तूम भी कवि क्यों न बनतें हो।

३ नारिशक्ती

नारिशक्ती

जिसे तुम कहते हो अबला वह दुनिया को झुला झुलाती है गोद में ले
जीवन को वह संस्कृती के गीत सुनाती है
कही मां कही बहन बन अपना स्नेह बरसाती है
कही भार्या बन अपना कर्तव्य निभाती है
सृष्टी की सुंदर रचना है तू यु ना अपने से दूर जा
कंचन काया जरूर है तेरी पर फौलादी इरादे भी बता
तू नही अहिल्या वह जो ठोकरो से भी तर जाया करती थी
तू वो रणरागिनी है जो अधिकारो के लिये दुश्मनो से भी लड जाया करती थी
कई हस्तिनापुर आज भी है और कृष्ण कही पर खोये हुए
नही आश्रित दुसरो पर चण्डी तू क्यू न दुष्यासन का सिना चिरती है

४ वह जो मेरे अपने है

वह जो मेरे अपने है

कई खिड़कियां थी कमरे में
बस एक अलगसी लग रही थी
गौर से देखा जरा तो
नाराज सी लग रही थी
पूछा जब उसे मैंने
क्यों ???
रोशनी, हवा , छींटे पानी के
इधर नही आते क्या???
उसने कहा , सभी आते है!!
पर सब के सथ के मजे नही आते
तूफ़ानों से लड तो लेते है
पर , वह जज़्बात नही आते
ढूंढ रही थी ऊदासी का कारण
मैं भी
जबाब मिल गया
फूल है महकते हुए, खूबसूरत
पर गुलदस्ते में अच्छे लगेंगे
ज़िंदगी जी तो लेंगें यू अकेले भी पर ,
जिंदा तो अपनों के साथ ही रहेंगे

५ आदमी

आदमी

कितना कमबख्त हूं
सास भी नही लेता
ये भूल जाता हू के
अभी जिंदा हू
तरक्कीयों के दौड में
मंजिल को ही पीछे
छोड आता हू
कितने ही दिन बीत गए
अपने आप से मिले
सूखे दरख़्तों में खूबसूरत
फूल छोड आत हू
बनजाऊ शहंशाह इस
दुनिया का तो भी क्या!!
अपने अंदर का हारा हुआ
सिकंदर कही छोड आता हू
भाग रहा हू बस!!
क्यों? कहाँ?? किस लिए??? पता ही नही
अपने ही पसीने से अपनी
शख्सीयत धो आता हू पर सोचता हू
लौट चलू अपनी पूरवा की ओर
अपनो के बीच अपनो के पास
अपना बस ! अपना हो आता हू

६ फरियाद

फरियाद

दिक्कत ये नही थी के
मुद्दतों बाद मेरी सुनवाई हुई
तकलीफ ये थी के
अदालत उसकी थी जीस के
वजह से बर्बादी हुई
तबाही का मंजर सिसकियाँ
भी न सुन पाया
आह भी भरते तो
कांट दिए जाते
ख़ामोशी का जख्म
ही रूदाली हुई
अंधेरी रात मे घने
जंगलो से गूजरना था
साँपों के जहर से नही

भेड़ियों के कहर से बचना था जीस मिट्टी में पले- बढे
आज अचानक पराई हुई

७ आओ खुद से मिले

आओ खुद से मिले

अपनी ऊँचाई का गुरूर पाल
बैठे थे
किसी ने खजूर केह के आईना दिखा दिया
मशगूल थे अपनी ही रोशनाई में
दूर घने अंधेरे में कोई जुगनू
दिखा गया
दूर था आंसुओं का सैलाब मुझ से
किसी और के आंसुओ का झरना भीगो गया
लगे रहते थे सिर्फ जीत की
तैयारी में
हार कर मुस्कुराने का कोई
हूनर सिखा गया
बेगैरत की तरह बस खुद के लिए जी रहे थे
मर के भी अमर होने का जादू किसी का किरदार दिखा गया

८ ना जाने वह क्यो खफा हो गए

ना जाने वह क्यो खफा हो गए

हर वक्त शिक़ायत करते थे
के बहूत बोलती हू
आज यूंही ख़ामोश हुई
तो खफा हो गये
चांद कहते जब भी
फुर्सत से देखते थे
अमावस भी होती है मैने
कह क्या दिया
तो खफा होगये
रुसवा करते थे अपनी हर महफिल में मुझ को
अपनी महफिल क्या
साजाली मैने
तो खफा हो गये
प्यार तो सिर्फ देने का
नाम है पगली
हर वक्त बस यही कहता रहा
थोड़ा प्यार मैने क्या मांगलिया
तो खफा हो गये

९ मां

मां

वह हथेली मे रोज अपने
तकदीर को ढूंढती है
उम्मीदों का दामन थाम
संघर्षो से लढती है
कडी धूप से वह नही डरती
पर छाँव उसे झूलसा देती है तकदीर तो जैसे उसकी
बनानेवाले ने लिखी ही नही
हौसलो के सहारे ही
आगे बढती है
फटे ऑंचल से अपने
नन्हे को चांद दिखा
उजालो के सपने बूनती है

१० हौसला

हौसला

एक हौसला ही तो है जो हर तकलीफ में साथ होता है
तकदीर ने तो पहले ही कह दिया
"मै तेरे नसीब में नही "
तिनका- तिनका जोड के घरौंदा
तो पंछी भी बना ही लेता है
क्यो हथेली के लकीरों में उलझू
जब इनकी मुझे कोई दरकार नही
यू तो तरक्की का रास्ता
आसान नही
जानता हू
पहाडो को काट कर रास्ते बनाए
मेरे लिए
मंजील तक पहुंचना मुश्किल नही
न थकूंगा , ना रूकूंगा आखिर
निरंतर कोशिशो का सिलसिला
ही सफलता है
तकदीर क्या खेल खेलेगी मुझ से
उसे भी दिखा दूंगा
मै भी क्या खिलाडी हू
हौसला मेरा साथी है
हमेशा
मै किसी से डरता नही

धन्यवाद

रिना वर्मा (शर्मा) एक साधारण परिवार की सीधी- साधी महिला जीसने अपने जीवन में हर उस चीज को महत्व दिया जीस से आमतौर पर सभी किताबी बातें बोलकर अपना पल्लू छाड लेते है। मै भाग्यशाली हूं के वह मेरी छोटी , दुलारी बहन है जैसे मैने गोद में खिलाया है। मुझे याद है बचपन से ही हर चीज को देखने का उसका अपना एक अलग ही नज़रिया हमेशा से रहा है।

मै बहुत खुश हू और गौरवांवित महसूस कर रहा हू के उनकी पहली किताब 'अनुरोध ' के लिए परिचय लिखने का सौभाग्य मुझे मिला। 'रिना , तुम्हारी इस उपलब्धी के लिए हम सभी की और से बहुत- बहुत शुभकामनाए '

रामकुमार शर्मा
प्राचार्य M.A.BED. (Hindi)

www.ingramcontent.com/pod-product-compliance
Lightning Source LLC
LaVergne TN
LVHW042156070526
838201LV00047BA/1541